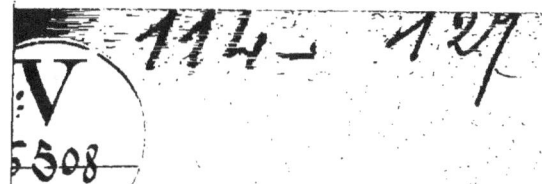

LES GRAVEURS DE L'ÉCOLE DE FONTAINEBLEAU

V

LES EAUX-FORTES

ANONYMES

PAR

F. HERBET

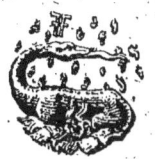

FONTAINEBLEAU

MAURICE BOURGES, IMPRIMEUR BREVETÉ

32 — rue de l'Arbre-Sec — 32

1902

LES EAUX-FORTES ANONYMES

Extrait des *Annales de la Société historique et archéologique
du Gâtinais (1902).*

————

DU MÊME AUTEUR :

LES GRAVEURS DE L'ÉCOLE DE FONTAINEBLEAU : I. *Catalogue de l'œuvre
de L. D.* — Fontainebleau, Maurice Bourges, 1896 (in-8°).

LES GRAVEURS DE L'ÉCOLE DE FONTAINEBLEAU : II. *Catalogue de l'œuvre
de Fantuzi.* — Fontainebleau, Maurice Bourges, 1897 (in-8o).

LES GRAVEURS DE L'ÉCOLE DE FONTAINEBLEAU : III. *Dominique Florentin
et les burinistes.* — Fontainebleau, Maurice Bourges, 1899 (in-8°).

LES GRAVEURS DE L'ÉCOLE DE FONTAINEBLEAU : IV. *Les eaux-fortes nommées ou marquées.* — Fontainebleau, Maurice Bourges, 1901 (in-8°).

————

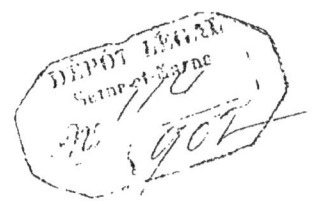

LES GRAVEURS DE L'ÉCOLE DE FONTAINEBLEAU

V

LES EAUX-FORTES

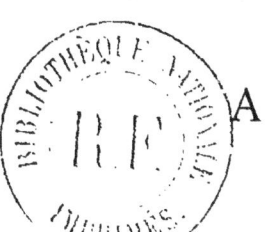ANONYMES

PAR

F. HERBET

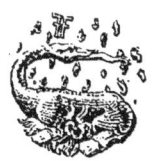

FONTAINEBLEAU

MAURICE BOURGES, IMPRIMEUR BREVETÉ

32, — rue de l'Arbre - Sec, — 32

—

1902

V.

LES EAUX-FORTES ANONYMES

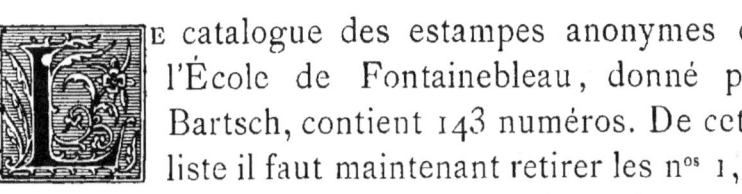E catalogue des estampes anonymes de l'École de Fontainebleau, donné par Bartsch, contient 143 numéros. De cette liste il faut maintenant retirer les n°s 1, 4, 54, 55, 63, 96, 101, 103 à 110, soit quinze pièces restituées à L. D.; les n°s 22, 39, 43, 48, 51, 57, 62, 67 à 69, 81, 84, 85, 87 à 91, 93, 94, 98, 114, 123, 128, 129, 140, 143, soit vingt-sept pièces à Fantuzi; les n°s 2, 3, 14, 15, 21, 23, 25, 29, 37, 38, 41, 42, 44 à 47, 52, 53, 58, 60, 72, 73, 99, 126, soit vingt-quatre pièces à Mignon; les n°s 32, 33, 61, 74, 82, 135, soit six pièces au Maître I ♀ V; les n°s 8, 9, 31 et 100, soit quatre pièces à Geoffroy Dumoustier; les n°s 83 et 125, soit deux pièces à Androuet Du Cerceau; les n°s 5 et 120, soit deux pièces au maître G. R. Nous devons encore en retrancher les n°s 17 et 80, classés dans les eaux-fortes marquées; le n° 56, qui est un burin; le n° 71, qui est une eau-forte du XVIIe siècle, de Ferdinand, et le n° 35 qui, de l'aveu de Bartsch lui-même, appartient à Battista del Moro, soit en

tout quatre-vingt-cinq pièces. Dans cette grande
nébuleuse que formait cet amas d'anonymes, il reste
donc cinquante-huit planches, pour le moment irré-
ductibles. Il est probable que plusieurs d'entre elles
sont l'œuvre des maitres dont j'ai donné les catalogues, mais je n'ai pas pu ou pas osé pousser plus
loin le travail d'attribution, soit parce que je n'ai pas
vu les estampes, dont beaucoup manquent aux collections les plus riches, soit parce que je n'ai pas
découvert, dans celles que j'ai connues, le caractère
distinctif de tel ou tel maître. D'ailleurs, il en restera
toujours un certain nombre dont les auteurs demeu-
reront inconnus, perdus au milieu de la foule d'artistes qui ont travaillé au château de Fontainebleau
sous les ordres du Rosso, du Primatice, de Camillo
dell' Abbatte ou de Rugieri.

Mais Bartsch a négligé beaucoup d'eaux-fortes
qu'il convient de faire entrer dans l'École de Fontainebleau ; j'en ai retrouvé 72 non décrites, si bien que
la classe des anonymes, telle qu'elle va être pré-
sentée, comporte encore, malgré les retranchements,
130 numéros.

Ce serait ici le lieu d'expliquer, à mon tour, ce
que j'entends par *École de Fontainebleau* pour
motiver les attributions à cette École des planches
nouvellement décrites.

Mariette est, je pense, le premier, qui, dans ses
catalogues manuscrits, ait parlé des maîtres qui travaillaient à Fontainebleau comme auteurs anonymes
des eaux-fortes qu'il décrivait. Je ne vois pas qu'il
ait prononcé le mot d'École. Mais à quoi se reconnaît l'œuvre d'un maître de Fontainebleau ? C'est

Bartsch qui jugea à propos de réunir sous le titre d'École de Fontainebleau les estampes reproduisant les peintures à fresque qui ornaient le château au xvie siècle, pourvu qu'elles fussent exécutées par des graveurs contemporains. Tel est son critérium, auquel il ajoute ce correctif : pour les graveurs connus par leur nom ou par leur marque, il donnera en outre les planches gravées par eux d'après d'autres maîtres ; pour les anonymes, il recevra dans leur catalogue plusieurs pièces qui approchent du goût de l'École, quoiqu'il ne soit pas sûr qu'elles reproduisent des peintures du château. Or, si l'on passe en revue les 143 numéros du catalogue de Bartsch, on en trouve tout au plus une vingtaine qui réponde à cette condition générale, de représenter une composition peinte ou sculptée à Fontainebleau (et ce sont précisément pour la plupart les planches que nous avons restituées à L. D. et à Fantuzi). L'accessoire est donc devenu le principal et, pour beaucoup d'estampes, les sujets religieux par exemple ou la suite des vues de Lucas Penni, il devait être évident, pour Bartsch lui-même, que jamais les murs du château n'avaient reçu tels ornements.

Si nous cherchons dans Renouvier la définition de l'École de Fontainebleau, nous ne la trouvons pas nettement exprimée. Pour lui, c'est une École française, avec les Italiens pour pères ; l'influence du milieu les a modifiés. Puis il analyse avec beaucoup de finesse les manières de plusieurs des graveurs de l'École et les différences qu'elles présentent, mais il ne s'occupe pas des eaux-fortes anonymes et des caractères généraux qu'elles peuvent offrir.

Enfin M. Dimier (*Le Primatice*, p. 119), s'est aussi posé la même question. Il insiste sur la variété des éléments qui sont entrés dans l'École de Fontainebleau, sur les origines diverses des artistes qui la composent. « École si l'on veut, à condition de ne signifier rien de plus qu'un atelier, où des hommes d'éducation diverse, rassemblés par hasard, ont mêlé leurs travaux. »

Que les artistes de Fontainebleau aient des origines diverses, c'est l'évidence même. On y rencontre des Italiens venus de Florence, de Bologne ou de Rome, des Flamands venus d'Anvers ou de Leyde, des Français accourus de Troyes, de Tours ou de Picardie. Chaque pays envoyait ses meilleurs élèves, assurés de trouver là une juste rémunération de leur travail. Mais arrivés à Fontainebleau, tous ces hommes furent obligés de se plier à une discipline sévère : ils n'eurent d'autre fonction que d'exécuter les compositions des maîtres qui les faisaient vivre. Le travail en commun, dans un même atelier, sous une direction unique, est bien de nature à briser toute tentative d'originalité, et si les mieux doués ont pu, comme Dominique, échapper à l'uniformité du style, on peut bien croire que la plupart ont accepté, sans protester, les habitudes, les procédés, les formules qu'on leur demandait de prendre. Et comme leur travail consistait dans la décoration des murs du château, l'atelier s'est trouvé être une École d'art décoratif qui, par la dispersion des artistes, a fait sentir son influence dans toutes les branches de l'industrie, dans ce qu'on a appelé les Arts Mineurs. Voici donc une première catégorie de planches, celles qui contiennent des panneaux d'ornements, dans le style de l'École, faciles à classer.

En second lieu, nous savons, par les pièces connues, que quatre maîtres ont surtout servi à alimenter les graveurs de Fontainebleau : Rosso et le Primatice, les deux chefs qui, à l'origine, se sont partagé la décoration du château; Jules Romain, dont le Primatice avait apporté en France de nombreux dessins; Luca Penni, d'abord simple auxiliaire des premiers, qui a voulu produire en dehors d'eux des œuvres originales. La circonstance qu'une estampe révèle l'esprit d'un de ces maîtres ou reproduit une composition connue pour leur appartenir, est donc de nature à éveiller l'attention. Sans doute, ce critérium n'a rien d'absolu; car, d'une part, des graveurs italiens, comme Battista Franco, Battista del Moro, plus tard Ange Falcone, ont laissé des estampes d'après le Primatice. Il y a là une cause de confusion dans laquelle personne ne peut assurer qu'il ne tombera pas. Et, d'autre part, il est certain que, en dehors des quatre maîtres cités plus haut, d'autres ont eu quelquefois l'avantage d'être traduits par les graveurs de l'École. Mais il est assez remarquable que nos artistes, qui travaillaient d'ordinaire sur les dessins originaux, copiaient plutôt des gravures déjà exécutées, quand ils s'éloignaient de leurs maîtres ordinaires.

Enfin, pour procéder au classement des estampes, le moyen le plus sûr et le plus délicat, est de s'en référer à la technique de l'art. Les graveurs anonymes de l'École de Fontainebleau semblent avoir appris de Fantuzi à manier la pointe. Comme lui,

ils s'en tiennent à l'eau-forte pure; pressés de livrer
leurs planches, ils ne les retouchent pas; ils ne les
finissent pas; des indications leur suffisent, en quelques traits ils ont sù rendre l'esprit du modèle; pourquoi chercheraient-ils au delà? Le dessin est hardi,
largement traité; les ombres sont négligées, gros-
sièrement données par des lignes, par des hachures,
par des points. C'est à tous ces caractères que se
reconnaît ce que Bartsch appelle le goût de l'École,
et qui est en effet très particulier. Plus tard, les
planches ont été plus lourdement travaillées, la peine
de l'artiste augmente sans que son œuvre en devienne
meilleure. On serait tenté de les rejeter si elles n'ap-
partenaient à l'École comme panneaux d'ornements.
C'est donc à ce triple point de vue que les estampes
peuvent être examinées et classées : style décoratif,
origine du dessin, facture.

De même que pour les eaux-fortes nommées, j'ai
entendu me borner à l'époque du xvıᵉ siècle. Je suis
convaincu qu'au xvıᵉ siècle les graveurs travaillaient
d'après les dessins; plus tard, ils ont travaillé d'après
les peintures, et ces peintures elles-mêmes, sans avoir
subi la restauration ridicule que les peintres de Louis-
Philippe ont fait subir à celles qui subsistent, avaient
déjà été altérées par les artistes chargés de les
entretenir. Si Ferdinand, Bonneione, se montrent
adroits, que dire de Garnier et de Betou? On ne peut
vraiment pas les réunir à leurs prédécesseurs.

Depuis que j'ai commencé cette série d'études que
clôt le présent article, il a été publié par M. Dimier
un livre sur le Primatice qui contient sur les œuvres
de ce grand artiste, et spécialement sur ses dessins,

des renseignements absolument neufs. Si le Primatice n'est pas tout le Fontainebleau du XVIᵉ siècle, il s'en faut de peu. Le livre de M. Dimier m'a fourni des rapprochements entre les dessins et les estampes que j'avais le devoir de relever. En faisant à cette occasion la revision de mes précédents catalogues, j'ai pu ajouter quelques pièces qui m'avaient échappé. Mais qui peut, en cette matière, se flatter d'être complet? Je serai trop heureux si l'on estime que mes additions aux listes de Bartsch et de Passavant méritaient d'être données.

ANCIEN TESTAMENT.

1. Le déluge. On voit flotter l'arche dans le fond vers la gauche. A droite, groupe de femme et d'enfants avec un chien. D'après le Primatice. L. 276; H. 220. (B. N. Le Primatice.)

2. Moïse élevant le serpent d'airain. Le serpent s'élève vers la droite. A gauche, deux enfants. Dans le fond, le camp des Hébreux. L. 343; H. 265. (Bx-A.)

3. David et Goliath. Goliath est à terre, la tête tranchée; David, à gauche, porte une fronde de la main gauche, un grand sabre de la main droite. Planche ronde. D. 195. (B. N.)

4. Samson emportant les colonnes d'un temple. A droite, un fleuve. H. 253; L. 215. (B. N. Le Primatice.)

5. La sibylle Tiburtine et Auguste. Ils sont debout, au milieu, l'empereur adorant la vierge que la sibylle lui montre planant dans un nuage et couronnée d'anges, au haut de la droite. H. 290; L. 221. (R. D. 1838, nᵒ 34, et 1862, nᵒ 143.) Composition dans le goût du Parmesan, dit Robert Dumesnil. Peut-être est-ce le dessin du Rosso, trouvé chez lui après son suicide, dont Vasari fait un si grand éloge.

Nouveau Testament.

6. B. 6. La naissance de la Vierge. Copie en contre-partie du n° 3 du maître G. R., avec quelques changements. H. 3oo; L. 43o.

7. B. 7. La présentation de la Ste Vierge. D'après Jules Romain? L. 38o; H. 349.

8. B. 11. La nativité. Ecole du Primatice. H. 276; L. 220.

9. La nativité. R. D. 1862, n° 138. Estampe gravée en largeur.

10. B. 10. L'adoration des bergers. L'année 1544 (les deux 4 à rebours) est gravée sur les tronçons d'un fût de colonne. D'après le Rosso. H. 210; L. 182.
   Peut être de Léonard Limosin.

11. B. 12. L'adoration des bergers, avec St Jean l'évangéliste et St Longin. D'après Jules Romain. H. 427; L. 3o3.

12. L'adoration des bergers. Même composition que celle de Bonasone. (B. 38) L. 4o5; H. 35o. (B. N.)

13. L'adoration dés mages, neuf figures dont un homme monté sur un chameau. (R. D. 1854, n° 402.)

14. B. 13. Sainte famille, dans un encadrement d'anges. D'après le Rosso. L. 344; H. 276.
   Peut être de Mignon.

15. B. 16. La Vierge chantant avec l'enfant Jésus et St Jean. Dans une bordure d'ornement, qui manque en haut, et qui est beaucoup plus large en bas que sur les côtés. L'année 1544 (les deux 4 à rebours) est gravée à la gauche du bas. D'après le Primatice? H. 240; L. 195.
   Du même auteur que le n° 10.

16. B. 18. La Vierge ayant près d'elle l'enfant Jésus adoré par St Jean, derrière lequel sont deux anges. St Joseph dans le fond. Au milieu d'en haut, l'année 1543 dans une tablette. D'après Jules Romain. H. 35o; L. 253.

17. B. 19. Sainte famille. D'après le Rosso. L. 3o6; H. 222.

18. La Vierge, assise, vue de face, ayant sur ses genoux l'enfant Jésus qu'elle soutient du bras gauche. H. 188; L. 116. (B. N.)

19. La Vierge, assise, allaite l'enfant Jésus qui tient un oiseau de la main droite, adoré par Ste Élisabeth et par St Jean qui joint les mains. Au fond, une étable. H. 315; L. 250. (B. N.)

20. Ste Famille. L'enfant Jésus, debout, embrasse sa mère, accroupie. Joseph est assis à gauche. H. 200; L. 180. (B. N.)

21. La Vierge et l'enfant Jésus adoré par St Jean-Baptiste. A gauche, un panier de fruits. H. 265; L. 187. (B. N. Le Primatice.)

22. L'enfant Jésus caressant sa mère et une sainte. H. 268; L. 225. (F. H.) Copie en contre-partie du maître I ♀ V (F. H. 18. B. 32 des Anonymes), et, dans le même sens, de Fantuzi. (F. H. 38.)

23. Jésus dans un berceau ornementé; à droite, St Jean lui apporte des fruits dans sa robe; la Vierge est à genoux; St Joseph, dans le fond, appuyé; en haut, deux anges jettent des fleurs. H. 233; L. 162. (B. N. Le Primatice.)

24. B. 20. La résurrection du Lazare. École du Primatice. L. 382; H. 216.

25. B. 26. Les disciples déposant le corps de Jésus-Christ, d'après Luca Penni. Copie dn n° 7 de Mignon. Dans une bordure ronde. Diam. 324.

26. B. 27. La même composition, en contre-partie, avec quelques changements dans le paysage. H. 279; L. 211.

27. B. 24. Les disciples portant le corps de J.-C. dans le tombeau, d'après Luca Penni. H. 229; L. 189?.

28. B. 28. Le corps mort de J.-C. sur les genoux de la Vierge, d'après le Rosso. H. 324; L. 236.

29. La résurrection du Christ. J.-C. sort du tombeau, au milieu d'une gloire d'anges, tenant, d'une main, une bannière, de l'autre, donnant sa bénédiction. Les soldats sont dans diverses attitudes; l'un d'eux est vu de dos, debout, à gauche. Pièce ovale. H. 375; L. 267. (R. D. 1862, n° 141, et B. N. Le Primatice.)

Le Primatice a peint deux fois la *Résurrection* : à la chapelle des Guise et à la chapelle de Beauregard.

M. Dimier, à qui j'emprunte ce renseignement, n'a pas cru devoir identifier l'estampe ci-dessus avec l'une ou l'autre de ces compositions.

30. B. 36. La Ste Vierge s'élevant au ciel. D'après Jules Romain. H. 432; L. 317.

31. B. 30. La Madeleine portée au ciel. D'après Jules Romain. Planche ronde. Diam. 300.

    Copie en contre-partie de L. D. (F. H. 76.)

32. B. 34. St Jean l'évangéliste et St Antoine. D'après Jules Romain. H. 353; L. 326.

33. Le mariage mystique de Ste Catherine. Pièce gravée en largeur, dit Robert Dumesnil. (1862, n° 142.)

    Mariette, après avoir cité l'estampe de Georges Ghisi d'après le Primatice (B. 12) représentant ce sujet, et une copie éditée par Ant. Lafreri, ajoute : « Une autre estampe du même tableau faite peut-être par ce Luc Penni que Vasari dit avoir gravé plusieurs pièces d'après le Primatice. Il parle entre autres des épousailles de Ste Catherine », mais voici les dimensions qu'il donne : H. 8° 8'; Tr. 6° 3'. La planche de Georges Ghisi est aussi en hauteur.

SUJETS HISTORIQUES.

34. B. 50. Hector soutenant l'effort des Grecs. Sur une pierre, en bas, vers la droite, 1545. D'après Jules Romain. L. 593; H. 378.

35. Achille traînant le corps d'Hector. Il est sur son char, attelé de deux chevaux, se dirigeant vers la droite. A droite, un gros arbre coupé par la bordure. A gauche, un groupe de guerriers dont l'un se prépare à jeter une pierre. (D'après Jules Romain?) Pièce cintrée, irrégulière. L. 486; H. 260. (Bx-A.)

36. B. 40. Romulus et Remus occupés à bâtir les murs de Rome. Dans la marge du bas à droite *F. L. D. Ciartres excudit.* Il est probable que les épreuves de premier état ne portent pas cette inscription, qui est le plus

souvent rognée. L. 290; H. 245, marge du bas comprise.

Brulhot dit avoir trouvé cette estampe avec le nom de *Ruggieri sc.* Voir ce que nous en pensons dans *Dominique Florentin*, p. 24.

Mariette dit qu'elle est gravée dans la manière de Léon Daven par un anonyme qu'il croit être Fantuzi. Cette attribution nous a paru trop douteuse paur être retenue. Le même Mariette dit encore : « C'est un des tableaux du vestibule appelé la Porte Dorée », plus tard il a corrigé « *c'est* » par « *c'étoit* » et il a ajouté : et *ce doit être la construction de Troye.* En quoi il est repris par M. Dimier ; on connait en effet tous les tableaux du vestibule de la Porte Dorée, et il n'y a pas place pour celui-ci. Cependant l'affirmation de Mariette est très nette. La composition n'aurait-elle pas été placée dans la chambre sur le portail, au-dessus du vestibule, sur la décoration de laquelle on ne sait rien ? Sa forme carrée conviendrait, si l'hypothèse de M. Dimier sur l'emplacement d'un dessin de Mars et Vénus se trouvait vérifiée. Quand cette partie du château a été aménagée pour Mme de Maintenon, l'ancienne décoration a été supprimée. Voilà sans doute pourquoi Mariette, qui connaissait par son père l'existence de ce tableau, a remplacé le présent par le passé quand il a appris sa destinée.

37. B. 49. Clélie s'échappant du camp de Porsenna. D'après Jules Romain. L. 580; H. 417.

La même composition a été gravée par Réné Boyvin. (R. D. 19.)

38. Cléopâtre apportant des présents à Antoine. A gauche, Antoine est assis sur un trône, tenant ls sceptre de la main droite. A la droite du fond, des chameaux. On lit au milieu du bas : *Cleopatra Ephesum appulsa ornatu regio ad M. Antonium imperatorem salutat eique Ægypto splendore digna munera offert.* Un second état porte en outre le nom de l'éditeur : *Petri de nobilibus formis.* L. 375; H. 252. (R. D. 1858, n° 9, dans les Ano-

nymes goût de l'École vénitienne; B. N. dans les Anonymes de l'École de Fontainebleau. L'épreuve porte
cette inscription manuscrite : *vel potius regina Saba
aute Salomonem.*)

SUJETS MYTHOLOGIQUES.

39. B. 66. Pluton enlevant Proserpine. H. 315; L. 348[1].

40. B. 61. Vénus regardant Mars qui dort, d'après le Primatice? L. 277; H. 320, y compris 20 ^{m} pour les marges
du haut et du bas.

41. B. 75. Vénus debout dans une conque, d'après le Rosso.
H. 498; L. 346. Peut être de Fantuzi.

> C'est le médaillon en bas-relief de la galerie Fran-
çois Ier, mutilé probablement au temps d'Anne d'Autriche,
qui est placé sous le premier tableau, à droite, en entrant
par le vestibule de la cour du Cheval-Blanc.

42. Vénus désarmant l'Amour? Catalogue de la vente de Laurencel, n° 115. Sujet en hauteur.

43. B. 77. Vénus pleurant la mort d'Adonis. L. 544; H. 343.

44. B. 64. Pâris adjugeant à Vénus le prix de la beauté.
L. 181; H. 130.

> Copie en contre-partie d'une autre estampe anonyme.
B. 72, attribuée à Mignon.

45. Apollon commandant le supplice de Marsyas. Marsyas, la
tête en bas, à droite, est attaché à un arbre. Apollon, à
gauche, tenant un arc, donne l'ordre d'écorcher le

---

1. Le P. Dan indique parmi les tableaux de la salle de la Conférence,
l'une des pièces de l'appartement des Bains, un *Ravissement de Proserpine.*
Mais le journal de Cassiano del Pozzo nous apprenant : 1° Que Léonard
de Vinci était l'auteur d'un tableau représentant ce sujet, conservé au
Pavillon des Peintures du Château; 2° qu'autrefois la collection dont ce
tableau faisait partie était exposée dans l'appartement des Bains; 3° que
dans ce même appartement des copies avaient été substituées aux originaux, il s'ensuit qu'il n'y a aucun rapprochement à faire entre l'estampe
décrite et le tableau signalé par le P. Dan. Celui-ci est sans doute le n° 798
de l'inventaire des esquisses, tableaux inconnus et copies dressé par Bailly
(Engerand, p. 611).

vaincu ; ordre exécuté par un jeune homme porteur d'un grand sabre. H. 172 ; L. 141. (B. N., Le Primatice.)

D'après le P. Dan, ce sujet était représenté dans la salle de la Conférence. Je ne saurais dire si l'estampe reproduit ce tableau.

46. Apollon, couché, tenant une lyre de la main droite, le visage tourné vers la droite. L. 298 ; H. 220. (B. N.)

47. Apollon, tenant une lyre, se dirige vers la droite, en tournant le visage vers la gauche. H. 245 ; L. 130. (B. N.)

48. Apollon poursuivant Daphné. Au milieu, Apollon, barbu, les vêtements flottants, est sur le point d'atteindre Daphné, dont les jambes et les bras sont déjà transformés. Dans le fond, un paysage où l'on remarque vers la droite une femme attachant un âne à une branche d'arbre. L. 280 ; H. 205. (F. H.)

49. Vaste composition où des Génies aux ailes déployées tiennent en main les chevaux du Soleil. Sur le devant, personnages assis sur des nuages. Apollon, tenant sa lyre, à droite. L. 476 ; H. 336. (B. N.)

50. Diane, tournée vers la gauche, décochant une flèche. H. 233, L. 117. (B. N., Le Primatice.)

51. B. 65. Hercule combattant de dessus le vaisseau des Argonautes. L. 340 ; H. 230.

C'est une copie en contre-partie de la planche de L. D. (F. H. 1.) Le sujet est peint au vestibule de la Porte Dorée, dans le sens de la présente estampe.

52. Orphée dans un paysage. L. 213 ; H. 198. (F. H.)

Le dessin est en contre-partie d'une estampe de L. D. (F. H. 181.) Ici Orphée tient son violon du bras gauche, comme il convient, et son archet de la main droite. Ce qui tend à prouver que L. D. a reproduit une peinture en contre-partie ; et le travail de son copiste s'est trouvé dans le même sens que la peinture.

53. La chute de Phaéton. Trois nymphes lèvent leurs bras transformés en branches. Sur la droite, un fleuve. Pièce ronde. Diam. 288. (R. D. 1862.)

Ce sujet était représenté dans la salle de la Confé-

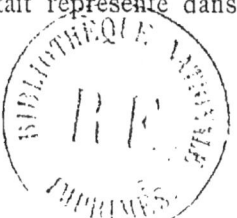

2

rence; je ne saurais dire si l'estampe reproduit précisément la composition peinte.

54. B. 76. Les nymphes excitées par l'Amour. L'année 1543 est marquée sur une tablette, au milieu du bas de l'estampe. D'après Jules Romain. L. 428; H. 295. (B^x-A.)

55. B. 78. La mort de Procris. D'après Jules Romain. L. 554; H. 357.

La même composition a été gravée par George Ghisi. (B. 61.)

56. La mutilation du satyre. L. 295; H. 160.

Copie en contre-partie de l'estampe de L. D. (F. H. 7.)

57. B. 70. Nombre d'amours dans un bois. L. 428; H. 295.

58. Le vieux Silène, d'après Luca Penni. (Catalogue de Laurencel, n° 136; R. D. 1862, 150.)

C'est la copie de la gravure de René Boyvin. (R. D. 28.)

59. Deux amours, armés chacun d'un trident, sur des chevaux marins. (R. D. 1862, 151.)

60. Bacchus enfant, monté sur une panthère qui mange des raisins; il est accompagné de quatre autres enfants : l'un porte un grand vase, à droite; celui de gauche verse du vin dans l'écuelle que porte Bacchus. (R. D. 1862, 149; F. H.) L. 215; H. 132.

61. Un génie appuyé sur un cube de maçonnerie; il est debout, sur la jambe droite, appuyé sur le coude droit et tourné vers la gauche. Sous son pied : *Rous de Rous Floren. Inven.* Au milieu du bas : *cum privilegio Regis.* H. 230; L. 150. (F. H.)

Le catalogue de la vente de Laurencel attribue cette pièce à Fantuzi.

62. Satyre violentant une femme. Un jeune satyre tient les jambes de la femme. En haut, l'aigle plane, lançant la foudre. H. 180; L. 120. (B. N., Le Primatice.)

SUJETS DIVERS.

63. Scipion. Il est debout, vu de profil, tourné vers la droite. A gauche, en haut, SCIPIO; à droite, en bas, sur la base

d'une colonne renversée, l'année 1546. H. 200; L. 83.
(F. H.)

Cette composition, par ses dimensions, conviendrait aux armoires du cabinet du roi, et confirmerait l'hypothèse probable émise par M. Dimier, à savoir que le personnage qui accompagnait la Tempérance était un Scipion. Les travaux du cabinet du roi étaient terminés en 1545.

64. B. 102. La Charité. Deux états qui se distinguent par la taille des ombres, croisée dans le second état. H. 277; L. 152.

C'est probablement le tableau d'André del Sarte, actuellement au Louvre, qui faisait partie de la collection de Fontainebleau. Mais je n'ai jamais vu l'estampe, qui diffère, par les dimensions données par Bartsch, de celle qui est attribuée par Mariette au maître I ♀ V. (F. H. 19.)

65. B. 79. Deux soldats romains conduisant trois chevaux, d'après un bas-relief de la colonne trajane dessiné par Jules Romain. H. 154; L. 107.

66. B. 86. Un soldat revêtant un homme d'un manteau, d'après Jules Romain. L. 344; H. 255.

67. B. 92. Des hommes assemblés autour d'un chameau. L. 420; H. 310.

Copie en contre-partie de l'estampe de L. D. (F. H. 15.)

68. B. 95. Combat de plusieurs hommes nus et chauves, pour la plupart, armés de massues. D'après Perin del Vaga. L. 448; H. 297.

Le dessin original se trouve au Louvre sous le nom de Luca Penni.

69. B. 97. Deux gladiateurs combattants. D'après un dessin attribué au Primatice. L. 439; H. 309.

70. Combat d'hommes à pied. On remarque, à droite, un drapeau, et dans le bas, du même côté, un bouclier orné d'une tête de Méduse; à gauche, un soldat armé d'une

longue lance dont il menace son adversaire. L. 290;
H. 245. (B. N., Le Primatice.)

71. Le sacrifice au Dieu Priape. Son terme est au milieu; la
vieille qui tient le bouquet et qui l'arrose est à droite;
l'âne que l'on sacrifie a la tête tournée vers la droite.
L. 451; H. 275, plus une marge restée blanche (F. H.).
Contre-partie avec quelques changements de la gravure de Cock.

72. Femme portant une couronne, marchant sur des trophées
en se dirigeant vers la gauche. H. 340; L. 180. (B. N.)

73. La femme (du lay d'Aristote) se regardant dans un miroir,
assise sur le dos d'un homme à genoux qui porte un
bandeau sur les yeux. Les cheveux de la femme semblent
former un visage. H. 320; L. 220. (B. N.)

74. Une femme sur le point de se baigner avec une autre. En
arrière, à droite, un satyre lascif s'avance portant un
grand vase sur ses épaules. L. 275; H. 199. (B. N.)

75. Le triomphe d'une femme tenant un arc, dont le char traîné
par des aigles écrase plusieurs hommes, pendant qu'un
génie la couronne. L. 520; H. 345. (B. N.)

76. Lucrèce? Femme nue assise sur un lit, qu'un homme prend
à la gorge de la main droite et menace d'un poignard de
la main gauche. H. 270; L. 210. (B. N., Luca Penni.)

77. Même sujet : ici la femme est vue de face et l'homme la
tient par la nuque. (B. N., Luca Penni.)

78. Sous une tente, dans un paysage, une femme couchée
joue avec trois enfants, dont l'un tient un oiseau de la
main gauche. Au milieu du bas, pancarte restée blanche.
L. 260; H. 200. (B. N., Le Primatice.)

79. Femme nue, assise, portant la main droite sur son sein
gauche. Rideau à gauche. H. 240; L. 140. (B. N.)

80. Femme nue, tournée vers la droite, assise devant des
rideaux. H. 205; L. 132. (Catalogue de Laurencel,
n° 114; F. H.)

81. Cinq lutteurs. (R. D. déc. 1854, 402.)

82. Guerriers près d'une tente sur laquelle on lit : *à Fontainebleau*. (R. D. déc. 1854, 403.)

83. Homme nu attaché à un arbre, en hauteur. (R. D. 1862, 152.)

84. Études d'animaux. Hérisson; lapin pris par un chien; cerf poursuivi par deux chiens; sangliers et chiens. H. 218; L. 202. (B. N.)

85. Études de pieds chaussés de cothurnes. Douze pieds posés dans diverses attitudes. L. 332; H. 188. (B. N.)

86. Deux tombeaux sur une seule planche. Celui du haut, ouvert, supporté aux angles par des satyres; celui du bas, à double étage, surmonté d'un gisant, supporté par des aigles. Au milieu, des rouleaux portent des inscriptions grecques, εϱος, à rebours μυσο? La mort met fin à l'amour et à la haine. H. 295; L. 220. (B. N.)

87. Une femme assise dans un bateau sur lequel monte un homme portant un enfant. L. 243; H. 180. (Francfort; F. H.)

     C'est la copie d'une planche de George Ghisi. (B. 65.)
     Passavant l'attribue à Battista del Moro. (VI. p. 139.)

88. Statue d'homme portant un bâton de la main droite et une torche de la main gauche, dans une niche. H. 200; L. 134. (B. N., Le Primatice.)

89. Chapiteau, d'après l'arc de Constantin. (R. D. 1862, 156.)

PAYSAGES (non encadrés).

90. Ruines, où l'on remarque, à gauche, un homme monté sur un chameau; au milieu, deux hommes causent et montrent un grand obélisque placé sur le devant, à droite. L. 440; H. 305. (B. N.)

91. Ruines avec obélisque à gauche. Au milieu, un grand arbre. Personnages dans des barques, à gauche. A droite, une entrée monumentale. L. 427; H. 302. (B. N.)

92. Paysage maritime. La mer baigne la gauche et le bas de ce morceau qui offre au delà un continent habité par une foule de quadrupèdes, la plupart dirigés à gauche et regardant les habitants de la mer dont la tête sort des

flots. Au haut de la gauche : *Questi son le bestie di terra et pesi de mar.* L. 226; H. 215. (R. D. 1838, 35.)

93. La forêt (de Fontainebleau?). Dans une forêt, où le bois n'est pas serré, on voit des cerfs, des biches, des chevreuils courir ou pâturer. A droite, un grand arbre, sur lequel s'enlace un lierre, porte sur sa première branche un hibou, et un autre oiseau sur la branche supérieure. L. 425; H. 310. (F. H.)

ORNEMENTS.

94. B. 111. Ovale en largeur, au milieu d'un montant orné de quatre cartouches, dont celui du haut présente Mercure, et de quatre têtes de lions aux quatre angles de la planche. Le sujet du milieu représente deux femmes, à droite, portant chacune un enfant, qui se dirigent vers un palais. Planche carrée; 175^m.

95. B. 112. Rond vide, entouré d'une bordure ornée, vers le haut, de deux termes de faunes. En bas, deux sphinx ailés qui se tournent le dos, tenant chacun une sorte d'écusson armorié. H. 227; L. 164.

96. B. 113. Ovale en largeur dans un panneau d'ornements où l'on voit en haut deux termes de femmes, en bas deux termes d'hommes. Pièce mal dessinée, dit Bartsch. H. 231; L. 189.

Ces trois planches manquent à la B. N. Je ne les ai pas vues.

97. B. 115. Panneau d'ornements surmonté de deux génies ailés, couchés sur le dos, la tête dirigée vers un panier rempli de fruits. Un enfant nu est assis sur un rond que supporte une femme nue, en élevant les bras. Deux femmes et quatre enfants complètent la décoration. H. 324; L. 256.

98. B. 116. Terme de femme dans un encadrement orné de mascarons et surmonté d'une tête de femme entre deux vases. H. 238; L. 340, avec les marges.

99. B. 117. Ovale vide au milieu de deux termes de vieillards

et de deux génies ailés qui sonnent de la trompe, assis sur un coussin. L. 184? H. 103?

100. B. 118. Paysage dans un ovale au milieu d'un montant d'ornements, où l'on remarque, à droite et à gauche, deux génies dont les ailes sont faites de feuilles. L. 189? H. 94?

101. B. 119. Huit enfants autour d'un encadrement ovale, renfermant la figure d'une femme nue entourée d'un nuage. L. 235; H. 162.

102. B. 121. Paysage dans une forme ovale entourée de plusieurs génies ailés, dont deux en haut soutiennent un F à rebours et contre laquelle s'appuient, à gauche, un homme, à droite, une femme, tenant chacun un bouclier. L. 238; H. 206.

A rapprocher d'une planche de Schiavone (B. 16) et d'une planche de Ducerceau (1 de la suite des Petits Cartouches).

103. B. 122. Cartouche carré au milieu de deux panneaux, dont celui de gauche est orné de deux ronds et celui de droite d'un seul. L. 249? H. 153.

104. B. 124. Montant d'ornements où l'on voit vers la gauche une femme et vers la droite un homme, tous les deux assis et ayant une jambe appuyée sur un sphinx. L. 292; H. 175.

105. B. 127. Paysage dans un encadrement orné au milieu d'en haut d'une triple tête couronnée, et en bas de deux esclaves à genoux dos à dos. Deux satyres sont accroupis dans les angles du bas. L. 278; H. 265.

106. B. 130. Planche d'ornements composée, à gauche, d'un rond sur deux têtes de satyres, au milieu d'un carré long, à droite d'une décoration où l'on remarque une lampe suspendue par trois chaînes. L. 324; H. 229.

107. B. 131. Terme de satyre entre deux tableaux encadrés contenant des paysages. En bas, quatre génies sonnent de la trompe. En haut, enfants couchés sur des guirlandes de fruits. L. 353; H. 171.

Ducerceau s'est inspiré deux fois de cette disposition, en laissant les cadres vides.

108. B. 132. Montant d'ornements divisé en trois compartiments, présentant au milieu une femme romaine, à droite un guerrier, à gauche un homme à demi-nu s'appuyant sur un instrument que je ne peux déterminer, dans des cadres ronds. En bas, quatre figures. L. 350; H. 218.

Mêmes dispositions dans le n° 13 des Petits Cartouches de Ducerceau, avec des ornements accessoires différents.

109. B. 133. Paysage dans une large bordure ornée d'un mascaron et d'enfants. En bas, de chaque côté, une femme chimérique sans bras se tient sur une jambe de griffon. L. 364; H. 243.

110. B. 134. Paysage dans un rond surmonté d'un demi-cercle où se trouvent deux enfants à mi-corps, dont l'un tient un flambeau. En bas, deux femmes nues couchées près d'une guirlande de fleurs, et, plus bas encore, deux satyresses assises, accompagnées d'un enfant. L. 356; H. 275.

111. Contre-partie du numéro précédent. Premier état, les cadres ne sont pas ornés; les cages, qui font partie de la décoration, sont vides. Mêmes dimensions. (B. N.)

112. B. 136. Paysage où l'on remarque des bateaux amarrés et un arbre isolé, au premier plan, dans un montant d'ornements qui offre de chaque côté un satyre à longue barbe portant sur ses épaules des enfants avec des ailes de papillon. Au-dessus, un satyre étendant les bras. Au milieu du bas, deux chevaux ailés liés par un ruban. L. 385; H. 260, marges comprises.

113. B. 137. Paysage maritime, dans une large bordure ornée de plusieurs enfants, dont deux soutiennent des festons de fruits et deux autres sonnent du cor. L. 383; H. 245.

A rapprocher du n° 26 des Petits Cartouches de Ducerceau et d'une planche de Schiavone. (B. 20.)

114. B. 138. Paysage dans un montant d'ornements, offrant en haut deux femmes accroupies qui versent, chacune, d'un vase, le liquide que recueillent dans des gobelets

deux enfants placés au bas de l'estampe. L. 395; H. 262, marges comprises.

115. B. 139. Paysage dans un carré, entre deux ronds, présentant, celui de droite, Mutius Scevola, celui de gauche, un homme et une femme, le tout dans une riche ornementation où l'on remarque, au milieu du haut, un sphinx double à une seule tête, entre deux groupes composés chacun d'un homme et d'une femme, aux jambes enlacées. L. 409; H. 249.

Les ornements se retrouvent chez Schiavone (B. 24) et chez Du Cerceau (6 des Petits Cartouches).

116. B. 141. Paysage, entre deux femmes termes, dans un montant d'ornements entremêlés d'amours, arrangeant ou portant des guirlandes de fruits. L'un d'eux, à gauche, en bas, montre le dos. L. 418; H. 290.

117. B. 142. Paysage maritime. Dans un montant d'ornements où l'on remarque à gauche une femme vue de face, à droite un homme vu de dos, tous deux nus, assis, les bras levés pour porter les cuirs. L. 418; H. 310.

118. Paysage dans un encadrement carré interrompu de chaque côté. Ornements entremêlés d'enfants et de guirlandes de fruits; on remarque aux angles du bas un homme et une femme chimériques, aux mamelles tombantes. L. 340; H. 200. (B. N.)

Les ornements semblables ont été employés par Schiavone (B. 21) et par Ducerceau (19 des Petits Cartouches).

119. Paysage dans un encadrement carré : de chaque côté, ornements où l'on remarque un taureau sellé. En haut, la Salamandre. L. 300; H. 212. (B. N.)

120. Paysage de ruines dans un ovale. De chaque côté, un médaillon représentant, à gauche, un homme s'enfuyant vers un satyre et une femme nus, à droite, un vieillard et des guerriers. Au-dessous de chaque médaillon, un personnage, la tête prise dans des cuirs; au milieu du bas, la Salamandre. L. 256; H. 170. (B. N.)

121. Deux paysages carrés sur un soubassement, dominés par

deux lucarnes vides. Au milieu et de chaque côté, satyres et satyresses formant caryatides avec deux satyres enfants à leurs pieds. L. 429; H. 250. (B. N.)

122. Cadre vide dans un ordre d'architecture. Au milieu du bas, la Salamandre sur un soubassement de marbre. Deux grands vases de chaque côté. H. 426; L. 330. (B. N.)

123. Deux paysages carrés séparés par un ovale allongé en hauteur, au milieu duquel est un terme : au-dessous deux sphinx armés d'une sorte de casque. De chaque côté, un mur bas. Planche cintrée par en haut. L. 452; H. 227. (B. N.)

124. Femme vue de face, portant sur sa tête un panier plein de fruits, qu'elle soutient du bras droit, dans un ovale en hauteur entouré d'un riche encadrement où l'on remarque des caryatides fantastiques, des enfants, etc. H. 342; L. 213. (B. N.)

(Ornements plus flamands qu'italiens.)

125. Petit cadre ovale entre deux femmes nues. Satyres ailés dont on ne voit que les bustes. L. 296; H. 239. (B. N.)

126. Paysage en hauteur, entre deux ronds vides, au-dessus desquels sont assis des enfants. En bas du cadre, un homme et une femme se pressant le sein, couchés. L. 395; H. 231. (B. N.)

127. Panneau d'ornements où l'on remarque dans des cuirs compliqués deux termes de satyres et plusieurs enfants. L'un d'eux, à gauche, monte sur le dos de son camarade; le milieu est occupé par un ovale dans un carré. Planche ovale. L. 380; H. 300. (B. N.)

128. Ovale dans un encadrement très chargé. En bas, cornes de béliers. De chaque côté, satyres caryatides avec des serpents enroulés autour de leurs bras. H. 231; L. 136. (B. N.)

Le milieu de l'épreuve de la B. N. est découpé : ce qui ne permet pas de dire si l'ovale contenait un sujet. Style flamand.

129. Panneau d'ornements avec le triomphe de Vénus. (R. D. déc. 1854, 413.)

130. La grotte en gresserie. L. 400; H. 295. (F. H.)

Copie de l'estampe de Fantuzi (F. H. 22), sauf que les côtés de la grotte sont restés blancs, que toutes les fenêtres sont grillagées et qu'il n'y a pas d'inscription. L'estampe de L. D. reproduit fidèlement la façade de la grotte du jardin des Pins, dont celle-ci s'est seulement inspirée.

APPENDICE.

Nous décrivons ici quelques estampes conservées à la Bibliothèque Nationale sous le nom d'École de Fontainebleau ou du Primatice. Elles ne rentrent pas dans notre cadre; mais il est peut-être intéressant de les connaître :

1. Sainte Famille. Joseph tient l'enfant Jésus qui tend les bras à sa mère placée à sa gauche. H. 192; L. 155.

2. Le banquet. Des hommes et des femmes, tous nus, sont réunis autour d'une table. Un femme nue, portant un plat dans ses mains élevées, se dirige vers la droite, en tournant la tête. A droite, une vieille portant un vase. L. 442; H. 223.

   Passavant décrit cette pièce sous le n° 62 des élèves anonymes de Marc-Antoine. D'après le Rosso?

3. Hercule debout, la peau du lion de Némée est à gauche. H. 193; L. 136.

4. Polyphème, d'après le Primatice. L. 406; H. 210.

   C'est le sujet principal du ixe tableau de la galerie d'Ulysse.

5. Apollon tenant un masque et une plume de la main gauche. L. 300; H. 220. C'est une pièce d'Ange Falcone. (B. 20.)

6. Groupe de trois anges, plafonnant. H. 188; L. 173. D'après le Primatice. C'est une pièce de Battista Franco. (B. 61.)

7. Saturne dévorant un enfant. H. 195; L. 140. D'après le Primatice. C'est une pièce de Battista Franco. (B. 64.)

Additions et corrections aux catalogues précédents.

CATALOGUE DE L'ŒUVRE DE L. D.

1. Le dessin original du Primatice est à la Collection Albertine, de Vienne.
2. Le dessin original se trouve chez le duc de Devonshire, à Chatsworth.
3. Le dessin original est à la Collection Albertine, de Vienne. L'estampe en contre-partie, décrite par Bartsch aux Anonymes, est de Fantuzi. (F. H. 45.)
4. Le dessin original est au Louvre.
7. Le dessin original est à la Collection Albertine, de Vienne, et non au Louvre.
10. La même composition a été gravée par Fantuzi. (F. H. 51.)
13. Le dessin original se trouve chez le duc de Devonshire, à Chatsworth.
14. La composition gravée par L. D. est de Luca Penni. Celle qui était peinte sur la cheminée de la chambre du roi était du Primatice; on la connaît par le dessin original, au Louvre, et par les gravures de F. G., d'Énée Vico et de Ferdinand.
15. Le dessin partiel de la composition gravée est au Musée des Offices, à Florence. La description du tableau de la chambre du roi donnée par Bailly : « Les enfants de Jacob devant leur frère Joseph qui le viennent visiter », doit faire rejeter l'identification proposée au texte. Il y a lieu de supprimer aussi la note relative aux armoires du cabinet, M. Dimier ayant retrouvé quelques-uns des sujets qui ont été peints sur ces armoires. (*Le Primatice*, p. 500.)
16. Le dessin original est au Louvre.
18. Le dessin original que possédait Mariette est maintenant au Louvre.

19 à 30. De ces douze compositions, le Louvre conserve dix dessins originaux; il lui manque *Euterpe* et *Erato*; le dessin d'*Euterpe* se trouve chez M. Bonnat.

M. Dimier pense que ces compositions ornaient la Galerie Basse ou chambre du Conseil, au château de Fontainebleau.

Les copies que nous avons signalées sont accompagnées d'un titre composé d'inscriptions latines et grecques dans un encadrement. (B^x-A.)

31. Le dessin original est au Louvre.

33. Le dessin original est au Musée de l'Ermitage, à Saint-Pétersbourg.

34. Cette composition a été exécutée en émail par Pierre Reymond, sur une coupe aux armes du président de Mesmes. (Musée de Cluny, n° 4596.)

35. L'anonyme qui a gravé le même dessin est Fantuzi. (F. H. 48.)

36. Le dessin original est au Musée de Dresde.

37. La description donnée par Bartsch est inexacte. M. Dimier a reconnu dans le sujet un des tableaux de la chambre d'Alexandre, *Timoclée*. Cette estampe devait donc être classée après le n° 13.

43. C'est la contre-partie d'une estampe d'Augustin Venitien (Pass. 33), qui nous fait connaître le nom de l'auteur de la composition *Bacio Fiorentino*.

51. D'après Mariette, « le dessin est à n'en point douter du Primatice ». M. Dimier maintient qu'il est de Jules Romain.

55. Le dessin original est au Louvre.

87. Cette pièce est au burin. La copie par A. Quesnel est en contre-partie.

96 à 156. Ces figures ont été reproduites sur faïence, au xviie siècle, par des fabriques de Nevers. On en voit un spécimen au Musée céramique de Sèvres; c'est une plaque représentant la *Fille Juifve d'Andrinople*.

169 à 188. Suite de la fable de Calisto. En citant à cette occasion le journal de Cassiano del Pozzo, nous n'avons pas

prétendu que les compositions décrites fussent précisément celles qui ornaient la salle des Bains, mais seulement que la fable de Calisto avait été très en faveur à Fontainebleau. M. Dimier a retrouvé les dessins de deux des sujets de Calisto qui avaient été exécutés dans cette salle.

2i3. La marque L. D. est à droite, dans la marge du bas.

224. Nous pouvons compléter la description de cette planche, citée seulement d'après Robert Dumesnil. Michel-Ange est vu de profil, dirigé vers la droite, éclairé par la gauche. On lit sur une tablette une inscription en cinq lignes commençant par : *Michel Angelus Buonarotus nobilis*, etc. H. 234; L. 175. Reproduit dans la *Gazette des Beaux-Arts*, t. I., p. 257.

227 et 228. Deux enfants nus, tenant chacun un aviron et ayant derrière un bout de vaisseau antique, en deux petites pièces gravées à l'eau-forte par L. D., quoiqu'on n'y trouve pas sa marque. D'après le Primatice (Mariette). H. 124; L. 68. (B. N.)

Ferdinand a copié ces deux pièces en contre-partie.

CATALOGUE DE L'ŒUVRE DE FANTUZI.

1. Cette planche se trouve dans les Petits Ornements de Ducerceau. Elle a servi aussi à Léonard Limosin pour décorer le portrait du connétable de Montmorency (au Louvre). Voir *Gazette des Beaux-Arts*, 1879, II, pp. 93 et 1o3.

4. Une serrure au chiffre du connétable de Montmorency (Musée de Cluny), est décorée des mêmes ornements. Elle a été reproduite dans la *Gazette des Beaux-Arts*, 1879, I, p. 319.

9 à 11. Ces planches se trouvent aussi dans la suite des Petits Ornements de Ducerceau.

13. Cette estampe reproduit les stucs du pavillon de Pomone;

il suffit, pour en être assuré, de la rapprocher de la planche décrite sous le n° 37 ; on retrouve la même disposition des cartouches et des masques. C'est M. Dimier qui s'est avisé de faire ce rapprochement.

15, 17, 19. Ces planches se retrouvent dans les Ornements de Ducerceau.

27. Le dessin original se trouve à la Bibliothèque des Beaux-Arts, collection Gatteaux.

33. La composition a été reproduite en émail par Pierre Reymond, sur un coffret de la collection Mannheim.

37. Le dessin original est au Louvre, Collection His de la Salle, ainsi que celui de l'*Éducation d'Achille*.

45. Le dessin original est à la Collection Albertine, de Vienne.

47. Supprimer ce qui est dit de la Salle de la Conférence, M. Dimier ayant fait observer que les figures de l'estampe de Fantuzi plafonnent, et que le P. Dan parle de peintures appliquées aux murailles.

54. Le dessin original est au Louvre.

59. Diana Sculptor a gravé le même composition. (B. 36.)

62. Une copie au burin porte ce nom d'éditeur : *Apresso Donato Bertelli.*

65. J'en possède le dessin.

69. La frise du Palais du T a été aussi gravée par Petro Sancti Bartoli, en 26 planches.

84. Cette pièce est placée à la B. N. dans l'œuvre du Primatice; mais M. Dimier ne l'a pas retenue. Mariette dit qu'elle est de la manière de Jules Romain.

106. La Fortune, ailée, assise sur une roue, présente à boire à un roi qui est debout devant elle. Marquée Pièce ronde. Diam. 226.

Cette pièce, dit Mariette, est composée d'une manière assez froide et l'on ne peut trop déterminer qui en est l'inventeur.

Dominique Florentin.

6. Le dessin original est au Louvre.

20. Lire une lionne au lieu d'un homme.

27. Une femme à demi-vêtue, vue de profil, mettant la main derrière le dos. Au burin. H. 196; L. 74. (B. N.)

Cette pièce, dit Mariette, tout à fait dans la manière du Parmesan, est peut-être gravée par Dominique del Barbiere.

Le maitre F. G.

1, 2, 5. Les dessins originaux sont au Louvre.

4. Supprimer ce qui est dit de la Salle de la Conférence.

12. Une déesse assise sur des nuées, ayant auprès d'elle un guerrier casqué, les deux figures vues en plafond, gravé au burin par un anonyme qui peut être Guido Ruggieri; elle est très bien dans la manière du Primatice et n'est pas commune (Mariette). H. 6° 10'; Tr. 12° 6' Les dimensions exactes sont : L. 335; H. 210. (B. N.)

La même composition se trouve gravée dans une suite *ex Collectione Francisci Fabri Bonon.*

René Boyvin.

R. D. 73. Jupiter sous les traits de Diane et Calisto. L. 284; H. 180.

La composition était peinte dans la grande salle de l'appartement des Bains. Quoique le P. Dan l'attribue à Dupérac, il n'est pas douteux qu'elle soit du Primatice. (Dimier, *op. cit.*, pp. 282, 283.)

Le même dessin a été gravé au xviiie siècle par un anonyme, et il est assez curieux de voir comment il est alors devenu un sujet tout à fait galant.

Marc Duval.

Les quatre panneaux, représentant les quatre Saisons, ont été copiés par un anonyme au xviie siècle. (Vente Destailleur, 1895, no 416.)

Burins anonymes

25. La naissance de la Vierge, avec cette inscription : *Maria beatissima virgo perpetua ex radice Jesse et regia stirpe David duxit originem patre Joachim matreque Anna in Nazareth nata est.* H. 173; L. 117. (B. N., Le Primatice.)

26. L'adoration des Mages. La Vierge est assise à gauche, tenant l'enfant sur ses genoux, en avant d'une colonne dont la base est ornée d'un bas-relief. En haut, à droite, l'étoile. Nombreux personnages; chevaux. Chameaux à l'arrière-plan. H. 355; L. 250. (B. N., Le Primatice.)

27. Sainte Famille, dans les ruines. L'enfant Jésus, debout sur son berceau, caresse St Jean que tient Ste Élisabeth agenouillée. La Vierge, assise, maintient les deux enfants. Le fond est une construction. H. 327; L. 270. (F. H.)

28. Jupiter avec l'aigle, et Junon avec le paon, assis. Au coin, à droite, *NN exc.* (Nic. Nelli, éditeur à Venise.) L. 291; H. 160. (B. N., Le Primatice.)

29. Les trois Parques filant la vie des humains, d'après le Rosso.

Copie très exacte du dessin de René Boyvin. (R. D. 31.)

30. Vulcain, assis, forgeant entre ses jambes. Vénus est derrière lui. L'Amour fait chauffer les fers des flèches. En bas, la date 1549. L. 269; H. 170. (B. N.)

31. Adonis se mirant dans l'eau. L. 163; H. 102.

32. Femme couchée, tournée vers la gauche, se regardant dans un miroir. L. 165; H. 100. Dans ces deux pièces, le

sujet principal est dans un ovale encadré d'une bordure
rectangulaire. (B. N.)

33. Un homme nu est assis, à gauche, près d'une femme
assise aussi, qui embrasse un enfant debout. L. 352;
H. 334. (B. N.)

34. Un homme, couronné par un génie, caressant un aigle de
la main droite. H. 240; L. 144. (B. N.)

George Ghisi.

B. 12. Le mariage de Ste Catherine, d'après le Primatice.
H. 313; L. 253.

B. 36. Une étude pour la composition de ce plafond se trouve
dans les dessins du Louvre.

B. 52. Le dessin original est à la Collection Albertine, de
Vienne.

Énée Vico.

B. 26. La Léda de Michel-Ange a encore été gravée par C.
Cort et par le maître I H S.

Jean Chartier.

R. D. 4. Le dessin original du Ballet de Persépolis est au
Louvre.

Nicolas Beatrizet.

R. D. 100. Lire : Louis XIV la déplaça (la statue du Tibre)
et la fit transporter au bassin rond du Bréau.

Cherubino Alberti a reproduit cette même statue du
Tibre, avec les mutilations qu'elle a subies (B. 154).

Étienne Delaune.

R. D. 101. Le Nil. Le dessin original est au Louvre. La
composition, comme nous l'avons dit, a été aussi gravée
par Androuet Du Cerceau.

Philippe Galle.

1. Ulysse perce Antinoüs. 40ᵉ tableau de la galerie d'Ulysse. (Dimier).

Martini Petri.

1. Ulysse endormi transporté dans son pays. 30ᵉ tableau de la galerie d'Ulysse. Premier état : Bol in. (B. N.) Deuxième état : *Martini Petri excude in insigni aurei fontis prope novam bursam.* (F. H.) L. 315 ; H. 225.
2. Mars et Vénus surpris par Mercure. Fran Bol in. *Martini Petri excude.* Ovale. L. 198 ; H. 148. (B. N.)

Eaux-fortes nommées ou marquées.

Androuet Du Cerceau.

IX. 6. La même composition a été gravée sur bois. (B. N. E d 5 g.)

Jean Mignon.

10. La même composition a été gravée sur bois, *A Paris, par Nicolas Prevost, rue de Montorgueil, au chef Sᵗ Denis.* (B. N., E d 5 g.)
13, 14. Les dessins originaux de Luca Penni sont au Louvre.
15. Le dessin original de Luca Penni figure dans les collections du Louvre sous cette désignation : Le perfide Sinon introduit par les bergers dans le camp des Troyens.
17. La planche qui possédait une petite marge a été ensuite rognée, ce qui constitue un deuxième état.
19. Le dessin original de Luca Penni est au Musée Teyler, à Harlem.

20. La composition a été copiée par Franc. Erlinger dans un format plus petit. (B. N.)
21. La référence est B. 72 des Anonymes (et non B. 64), dont voici les dimensions : L. 425; H. 304. Le dessin original de Luca Penni est au Louvre.
22. Effacer ce qui est dit de la collection His de la Salle. Le dessin du Louvre, qui n'a pas été gravé, comme l'indique à tort le catalogue, offre une composition absolument différente de celle de l'estampe.
25. Le dessin du Louvre est attribué par M. Dimier à un auxiliaire du Primatice, par exemple à Miniato. Il n'est sûrement pas du Rosso, comme le dit le catalogue.

Le maitre I ♀ V.

6. Le dessin original est au Louvre.
7. Le dessin original est au Musée des Offices, à Florence. L'Albertine, à Vienne, en possède une copie.
20. La visitation de la Vierge (et non la présentation). B. 8 des Anonymes. Retirer cette pièce de l'œuvre du maître, malgré l'autorité de Mariette. Elle figure déjà dans l'œuvre de Geoffroy Du Moustier.

Le maitre G. R.

1. La même composition est gravée *ex Collectione Francisci Fabri Bonon.* (B. N.)

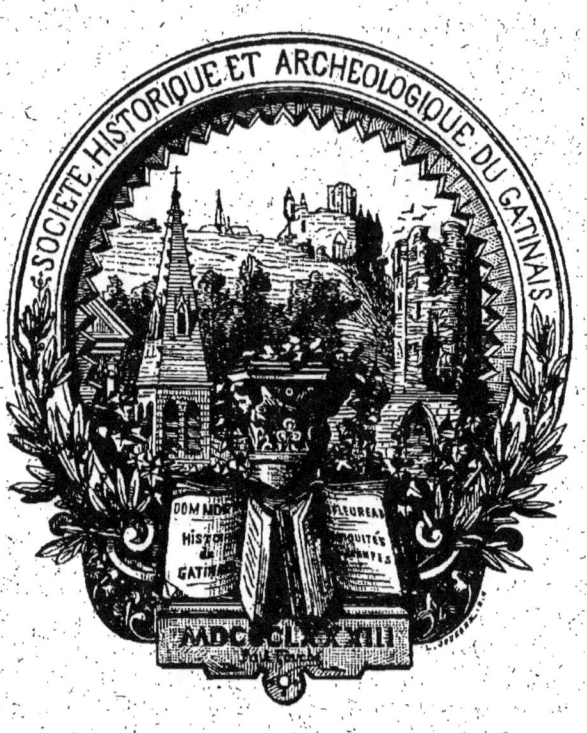

SOCIÉTÉ HISTORIQUE ET ARCHÉOLOGIQUE DU GATINAIS

MDCCCLXXXIII

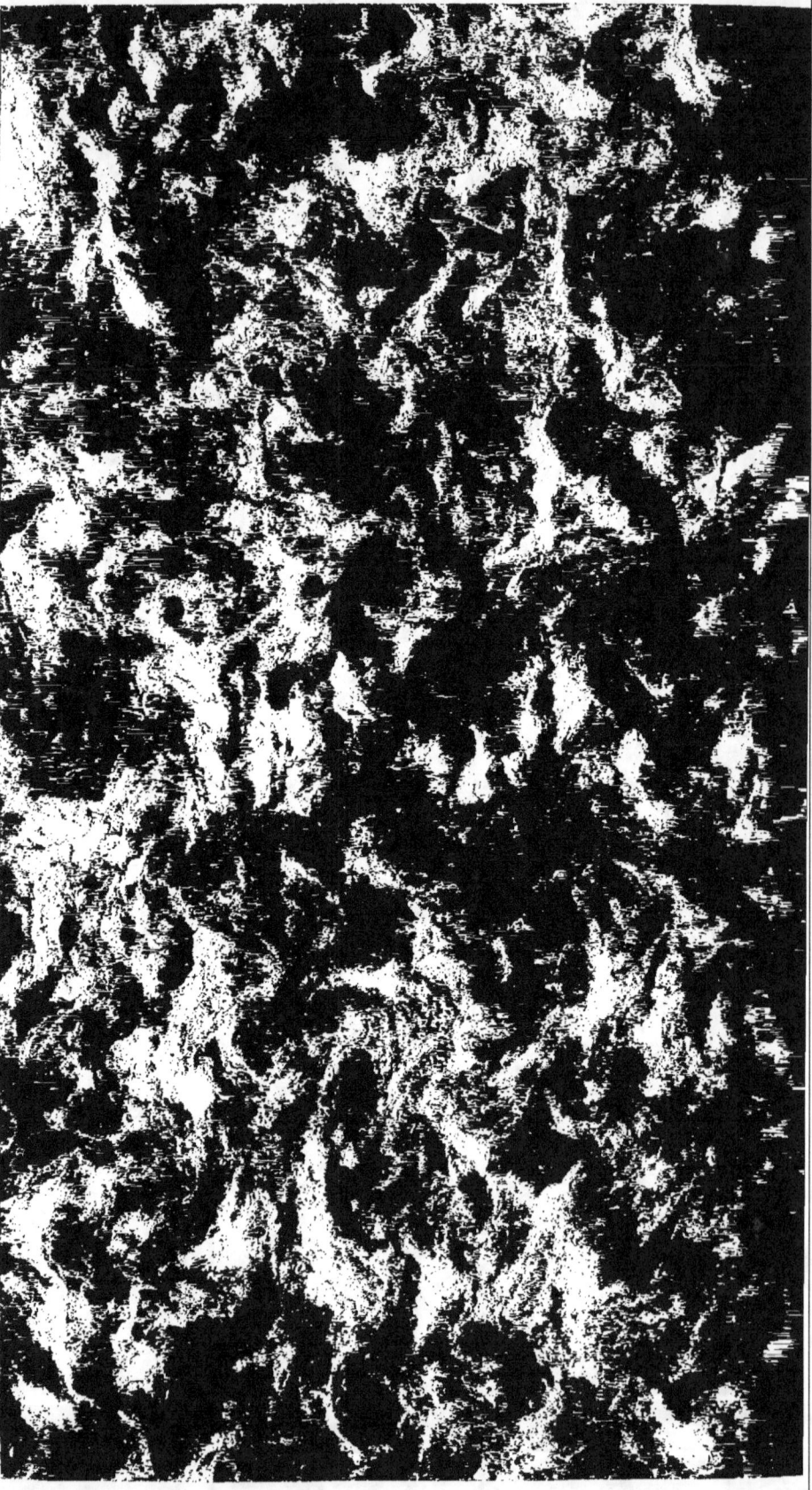

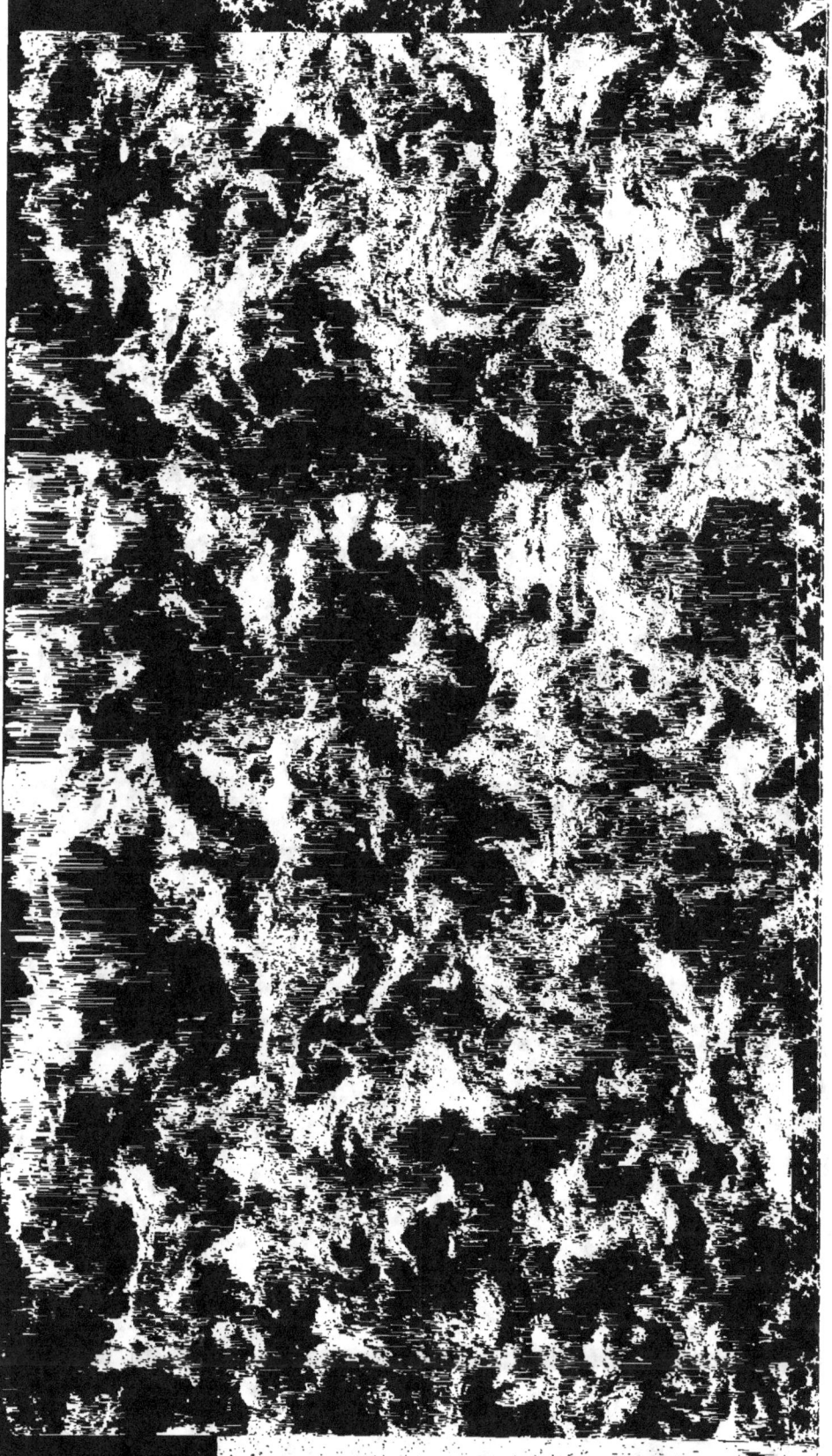

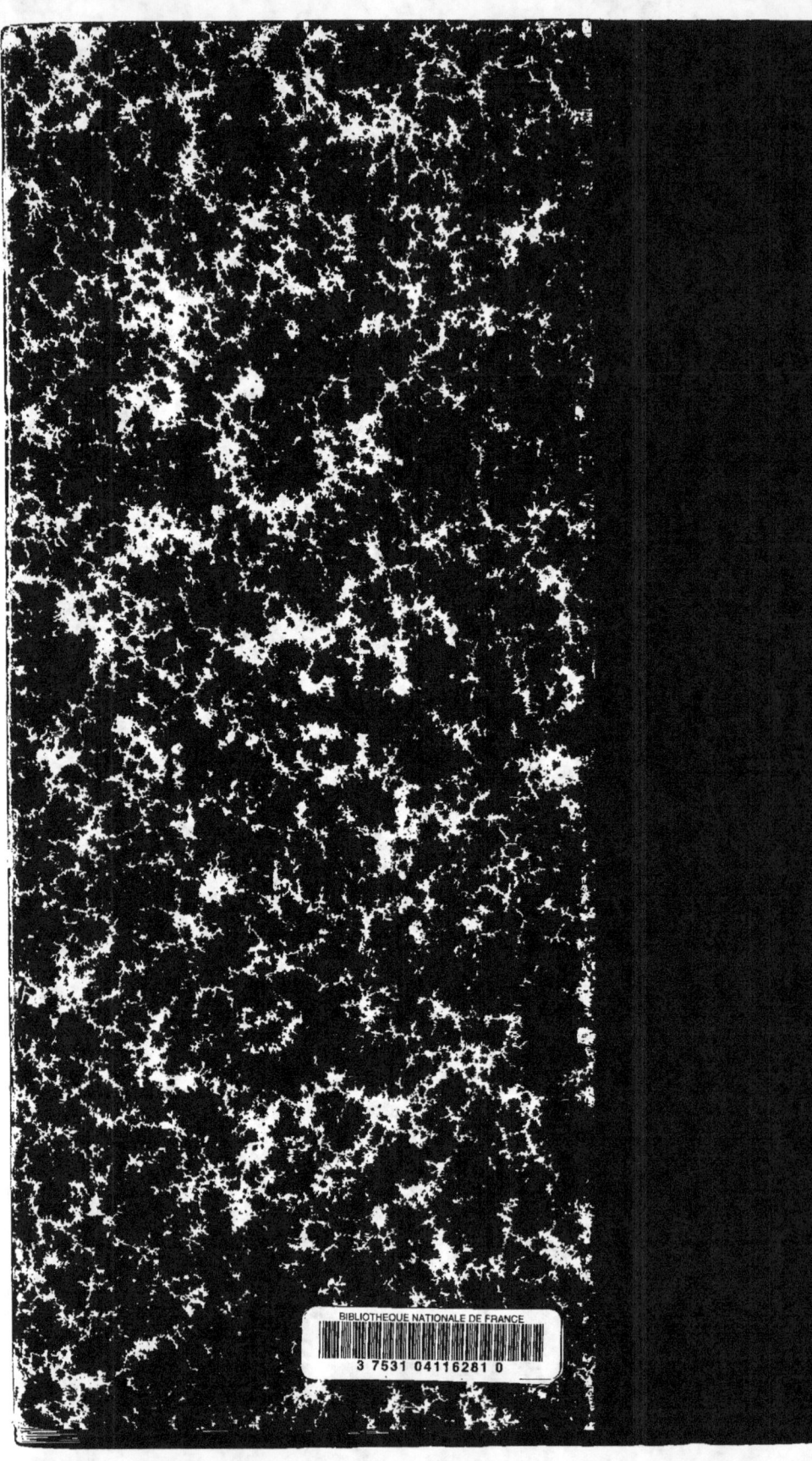

www.ingramcontent.com/pod-product-compliance
Lightning Source LLC
Chambersburg PA
CBHW071440220526
45469CB00004B/1606